100 Dibujos de Dinosaurios

Para colorear

**Dibujos para pintar
para niños de 3 a 6 años de edad**

PRIMEROS PASOS

CATEGORÍA: Libros Infantiles

ISBN-10: 1-64081-055-2
ISBN-13: 978-1-64081-055-6

135

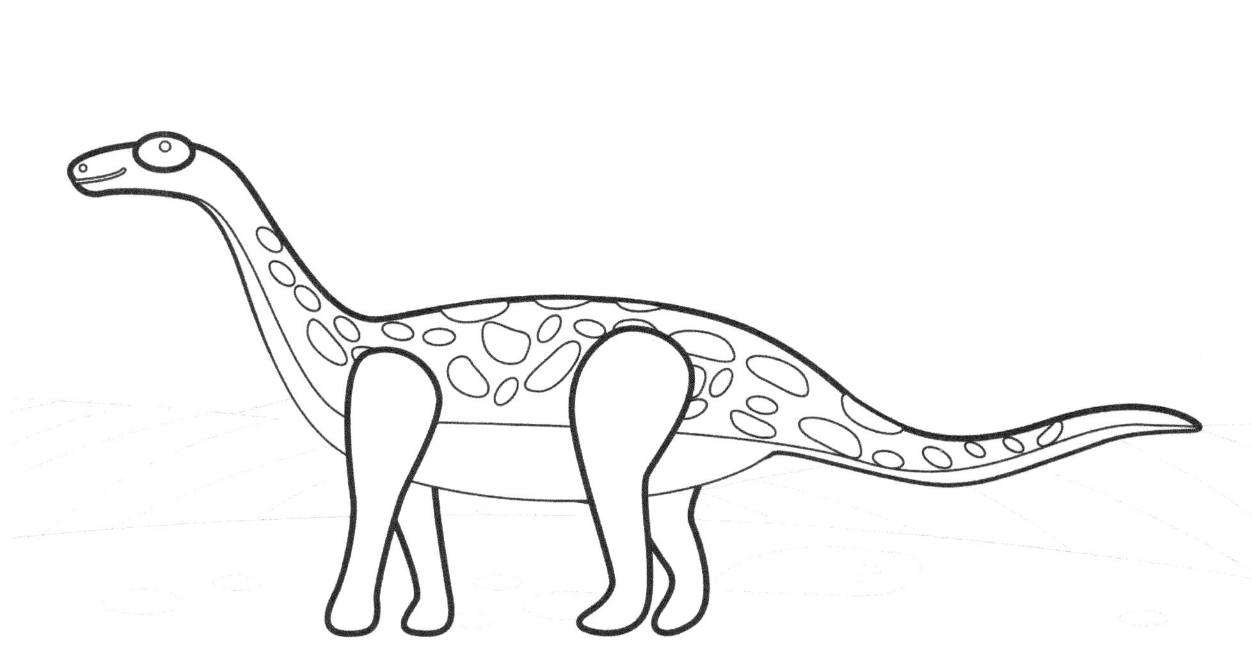

Más libros de Interés

Actividades didácticas para niños - Juegos y Actividades para niños de entre 2 a 4 años de edad

Acompaña el aprendizaje de los más pequeños con actividades para ejercitar la observación, la motricidad fina y la atención.

Actividades Para Aprender El Abecedario - Juegos y Actividades para niños de entre 2 a 4 años de edad

Páginas para colorear, aprender las vocales, dibujar letras, completar las palabras y muchas otras actividades para niños de 2 a 4 años de edad.

Actividades para Aprender los Números - Juegos y Actividades para niños de entre 2 a 4 años de edad

Juegos y Actividades para niños de entre 2 a 4 años de edad Páginas para colorear, aprender los números, dibujar sus contornos, completar los números que faltan y muchas otras actividades para niños de 2 a 4 años de edad.

Actividades Didácticas para Niños - Juegos y Actividades para niños de entre 3 a 5 años de edad (Serie Preescolares)

Más de 40 páginas de diversión y aprendizaje a todo color. También encontrarás páginas para colorear, unir con flechas, encontrar el personaje sin pareja, laberintos, encontrar los objetos y muchas otras actividades para niños de 3 a 5 años de edad.

100 Animales de la Granja Para Colorear - Actividades Didácticas para Niños - Volumen 5

Niños de todas las edades encontrarán imágenes divertidas y fáciles de colorear, cada una en una hoja nueva, para que sea más fácil poder compartir sus habilidades artísticas con amigos y familiares.

100 Animales del Mar Para Colorear - Actividades Didácticas para Niños - Volumen 6

Estas imágenes fascinantes mantendrán a los niños atraídos durante horas y estimularán su creatividad, mejorando el desarrollo visual-espacial de los más pequeños para que puedan estar en sintonía con su entorno.

Milena – La Princesita Viajera - La Princesita Viajera

Este libro ilustrado cuenta varias aventuras de Milena, una niña a la que le encanta viajar por el mundo.

Mi amigo extraterrestre - Un cuento para niños juguetones

Luego de un día muy agitado, Tomás decide leer un libro, cuando de repente recibe una visita inesperada. Lo que sigue son simplemente más aventuras y sorpresas, las cuales ayudan a que Tomás se dé cuenta de algo muy importante al final.